A Pickle for the Knowing Ones

– Eine Gurke für die Wissenden.

Willkommen zu dieser besonderen deutschen Übersetzung eines außergewöhnlichen Werkes.

Dieses kuriose Buch des exzentrischen amerikanischen Geschäftsmannes Timothy Dexter ist bekannt für seinen einzigartigen, teils unverständlichen Stil, ursprünglich komplett ohne Interpunktionen und voller Rechtschreibfehler.

Um die Lesbarkeit zu erhöhen, wurden in dieser Übersetzung Satzzeichen eingefügt und Rechtschreibfehler korrigiert. Dabei wurde jedoch darauf geachtet, die Eigenheiten und die merkwürdige Satzstruktur von Timothy Dexter so weit wie möglich beizubehalten. Trotz oder gerade wegen dieser Eigenarten fand das Buch großen Anklang und erfreut sich bis heute einer gewissen Berühmtheit.

Wer war Timothy Dexter?

Timothy Dexter wurde am 22. Januar 1747 in Malden, Massachusetts, geboren und starb am 23. Oktober 1806. Er war ein außergewöhnlicher Charakter, der trotz seiner bescheidenen Herkunft und mangelnden formalen Bildung zu immensem Wohlstand gelangte. Dexter war bekannt für seine unkonventionellen Geschäftsentscheidungen, die oft belächelt wurden, sich jedoch häufig als erstaunlich erfolgreich erwiesen.

Seine größte Bekanntheit erlangte er durch seine bizarren, scheinbar unsinnigen Unternehmungen. Zum Beispiel kaufte er eine große Menge Kohle und verschiffte sie nach Newcastle, England, einer Stadt, die bekannt für ihre eigenen Kohlevorkommen war. Dies wurde von vielen als törichte Entscheidung belächelt. Doch durch einen glücklichen Zufall streikten gerade zu dieser Zeit die örtlichen Kohlearbeiter, und Dexter konnte seine Kohle mit großem Gewinn verkaufen.

In seinem strebsamen Leben verfasste Dexter das Werk A Pickle for the Knowing Ones, eine Sammlung von Briefen und Resultaten, die in einem einzigartigen, teils unverständlichen Stil geschrieben ist. Dexter war eine außergewöhnlich merkwürdige Persönlichkeit. Er sehnte sich nach Anerkennung und bestand darauf, ein Amt zu erhalten. Schließlich wurde ihm das bedeutungslose Amt des "Zählers von Rehen" in einer Stadtverwaltung zugewiesen, nur um ihn zufriedenzustellen.

Diese deutsche Übersetzung versucht, den einzigartigen Stil und die Eigenheiten des Originals zu bewahren, um Ihnen einen Einblick in das Denken und die Welt eines der ungewöhnlichsten Millionäre der Geschichte zu geben.

Viel Spaß beim Lesen.

EINE GURKE FÜR DIE EINGEWEIHTEN,

VON LORD TIMOTHY DEXTER,

MIT EINER

Einführenden Vorrede

VON EINEM ANGESEHENEN BÜRGER VON "OULD NEWBERRY".

VIERTE AUFLAGE.

NEWBURYPORT:

BLANCHARD & SARGENT.

1848.

Lord Dexter und sein Hund

VORWORT

Timothy Dexter, der Autor der folgenden kuriosen und einzigartigen Produktion mit dem Titel "A Pickle for the Knowing Ones", die hier wörtlich und buchstabengetreu aus der Originalausgabe nachgedruckt wird, wurde am 22. Januar 1747 in Malden geboren. Nachdem er seine Lehre als Lederverarbeiter abgeschlossen hatte, begann er kurz nach seinem einundzwanzigsten Geburtstag in Newburyport Geschäfte zu machen. Durch Fleiß und Sparsamkeit gelangte er bald zu Wohlstand. Im Jahr 1770 heiratete er und erhielt zusammen mit seiner Frau eine beträchtliche Mitgift, wodurch er über ein bescheidenes Vermögen verfügte. Im Jahr 1776 hatte er unter seinen Lehrlingen den nicht weniger exzentrischen und später ebenso bekannten Jonathan Plumer Jr., einen "reisenden Prediger, Arzt und Dichter", wie er sich gerne nannte, von dem wir später noch sprechen werden.

Zusätzlich zu seinem regulären Geschäft mit dem Verkauf von Lederhosen, Handschuhen, "soutabel für Frauenbekleidung" usw. beteiligte er sich an Handelsspekulationen und verschiedenen Geschäftsarten und war außergewöhnlich erfolgreich. Er handelte mit Händlern und Spekulanten in der damaligen Provinz Maine und war in gewissem Umfang im Westindienhandel tätig. Außerdem kaufte er eine große Menge sogenannter Staatsschulden, die schließlich zu weit über ihren ursprünglichen Kosten zurückgezahlt wurden. Einige seiner Spekulationen in Walfischbein und Wärmepfannen, erwähnt er selbst auf Seite 23 dieses Werkes. So vermehrte er auf vielfältige Weise sein Vermögen und wurde innerhalb weniger Jahre zu einem wohlhabenden Mann.

Mit dem Reichtum kam der Wunsch nach Distinktion, und da sein Ego übermäßig war, scheute er keine Kosten, um die Aufmerksamkeit zu erlangen, die er suchte. Zunächst erwarb er ein elegantes Haus in der High Street in Newburyport und verschönerte es auf seine eigene Art. Minarette mit vergoldeten Kugeln wurden auf das Dach gesetzt, ein großer vergoldeter Adler thronte oben, sowie eine Vielzahl anderer Verzierungen. Vor seinem Haus und auf seinem Land ließ er zwischen vierzig und fünfzig hölzerne Statuen errichten, lebensgroß und größer als das Leben selbst. Der Hauptbogen stand direkt vor seiner Tür, auf dem die Figuren von Washington, Adams und Jefferson standen. Es gab auch Statuen von William Pitt, Franklin, Bonaparte, George IV, Lord Nelson, General Morgan, Cornplanter, einem Indianerhäuptling, Jack Tar, dem reisenden Prediger, mütterlicher Zuneigung, zwei Grenadieren, vier Löwen und einem Lamm, und besonders hervorzuheben waren zwei Abbilder von Dexter selbst, von denen eines ein Schild mit der Inschrift "Ich bin der Erste im Osten, der Erste im Westen und der größte Philosoph in der westlichen Welt" trug.

Damit das Innere seines Hauses mit dem Äußeren übereinstimmte, importierte er die kostbarste

Möblierung aus Frankreich und ließ die Wände mit Gemälden aus Holland und anderen Teilen Europas schmücken. Eine Bibliothek wurde ebenfalls eingerichtet, aber wie groß oder wertvoll sie war, können wir nicht sagen. Ein eleganter Wagen mit einem Paar schöner cremefarbener Pferde wurde beschafft, auf dem sein Wappen mit den baronialen Unterstützern nach Art des englischen Adels gemalt war. Mit dieser Ausstattung führte er den Titel Lord Dexter, denn wie er sagte, war es "die Stimme des Volkes in großem Maßstab". Manchmal wurde er auch der Marquis von Newburyport genannt.

Nachdem er die Verschönerung seines Hauses und seiner Gärten abgeschlossen hatte, beschäftigte sich Lord Dexter damit, die Besuche der Menschenmassen zu empfangen, die aus Neugier zu seinem Haus strömten. Seine Gärten standen für die Inspektion durch die Öffentlichkeit offen, und er war großzügig zu allen Besuchern. Der Ruhm seiner Gastfreundschaft zog ebenso viele Besucher an wie der Ruhm seiner Statuen. Um sein Ego zu befriedigen, ernannte er, in Nachahmung europäischer Fürsten, einen Dichterlorbeer. Dieser war niemand anders als sein ehemaliger Lehrling Jonathan Plumer Jr., ein gebürtiger Newburianer. Sie hatten einst als Meister und Lehrling zusammengearbeitet, standen aber nun in der Beziehung von Mäzen und Dichter.

Aus der Autobiografie von Plumer, einer sehr kuriosen und seltenen Produktion von 244 Seiten, wird der folgende Auszug entnommen, der eine Vorstellung von der Vielseitigkeit seines Genies vermitteln könnte: "Ich hatte", sagt er, "etwas Praxis als Arzt und verdiente etwas mit meiner Feder, aber für mehrere Jahre war ich hauptsächlich gezwungen, verschiedene Arten von Geschäften zu betreiben, die als weniger ehrenhaft galten, nämlich: Landwirtschaft, das Wiederholen ausgewählter Passagen von Autoren, den Verkauf von Heilbutt, das Sägen von Holz, den Verkauf von Büchern und Balladen auf der Straße, das Dienen als Postjunge, das Füllen von Betten mit Stroh und das Rädern zu den Eigentümern davon, das Sammeln von Lumpen usw."

Er hatte zuvor ein oder zwei Feldzüge als Soldat gedient und lehrte nach seiner Rückkehr aus den Kriegen einige Zeit in New Hampshire. Die Balladen, die er auf der Straße feilbot, waren in der Regel seine eigenen Kompositionen. Jedes schreckliche Unglück, blutiger Mord, Schiffbruch oder jede andere furchtbare Katastrophe wurde sicherlich von einer Darstellung der Fakten, einer Predigt und einem Gedicht begleitet. In der Funktion als Balladenmacher und -händler erregte er die Aufmerksamkeit von Dexter, in dessen Dienst er für ein bescheidenes Gehalt als Dichterlorbeer eintrat. Er trug eine Livree, bestehend aus einem schwarzen Frack, verziert mit Sternen und Fransen, einem Hut mit Krempe und schwarzen Hosen. Er wurde im Garten seines Mäzens mit einem Kranz aus Petersilie anstelle von Lorbeer gekrönt, aber die Zeremonie wurde vor ihrer Fertigstellung von einer Bande Jungen unterbrochen, und sowohl Patron als auch Dichter wurden in die Flucht geschlagen.

Ein Beispiel seiner lobenden Verse ist auf Seite 29 dieses Werkes zu finden, das dem Leser eine

Vorstellung von seinen Qualifikationen für das Amt geben wird, zu dem er gewählt wurde. Wie zufrieden er mit den Lobpreisungen des Dichters war, ist uns nicht bekannt, aber vermutlich im Gefühl, dass niemand außer ihm selbst in der Lage wäre, die Ideen gerecht zu werden, die er der Öffentlichkeit präsentieren wollte, begann er für die Presse zu schreiben. Mehrere dieser Ergüsse wurden in den Zeitungen gedruckt. Der größte Teil von ihnen, die zu verschiedenen Zeiten geschrieben wurden, sind in diesem Werk enthalten, von dem er selbst eine große Auflage veröffentlichte und verschenkte.

In dieser Ausgabe wurde in keiner Zeile seiner Schriften ein Punkt oder ein Zeichen verwendet, aber in der zweiten Auflage wurde eine ganze Seite mit Punkten und Zeichen gefüllt, mit einer Empfehlung des Autors an seine Leser, sie dort zu verwenden, wo sie in der Arbeit gewünscht wurden, oder in seiner eigenen Sprache, "um es zu pfeffern und zu salzen, wie sie es für richtig halten."

Dexter hatte zwei Kinder, Samuel und Nancy, von denen keines durch geistige Stärke hervorstach. Der Sohn war ein verschwenderischer Verschwender und starb jung. Die Tochter, von der der Vater in den folgenden Seiten spricht, war mit Abraham Bishop aus New Haven verheiratet, der sie, wie wir erfahren haben, vernachlässigte und misshandelte. Eine Scheidung folgte, und sie wurde trunksüchtig, verlor den geringen Verstand, den sie hatte, und lebt noch heute als elendes Objekt.

Lord Dexter selbst war, wenn man von seinen eigenen Schriften und von dem, was wir gehört haben, in seinen häuslichen Beziehungen nicht glücklich. Er beklagt sich viel über seine Frau, die er "das Gespenst" nennt, und gibt die Ursache seiner Trennung von ihr für dreizehn Jahre seinem Sohn Bishop an. Sein eigenes Temperament war aufbrausend, und es werden mehrere Geschichten über die Exzesse erzählt, zu denen es ihn manchmal trieb. Er befahl seinem Maler, Herrn Babson, das Wort "Verfassung" auf die Schriftrolle in der Hand der Figur von Jefferson zu setzen, was dieser jedoch ablehnte, da der Künstler beabsichtigte, dass es die Unabhängigkeitserklärung darstellen sollte. Dexter war so erbost über diese Weigerung, dass er ins Haus ging und eine Pistole holte, die er gezielt auf den Maler abfeuerte; jedoch war er ein schlechter Schütze, und die Kugel verfehlte ihr Ziel und traf die Seite des Hauses.

Ein anderes Mal, als er einen Landmann sah, der seiner Meinung nach seine Anwesenheit zu unverschämt betrachtete, befahl er seinem Sohn, auf den Fremden zu schießen. Dieser weigerte sich, woraufhin der Vater ihn bedrohte, ihn zu erschießen, falls er nicht gehorchen würde. Sein Sohn gehorchte dann. Der Fremde entkam unverletzt, erstattete jedoch Anzeige, und Lord Timothy wurde infolgedessen zu mehreren Monaten Haft im Zuchthaus verurteilt. Er fuhr dorthin in seinem eigenen Wagen, stolz darauf, der erste Mann zu sein, der im eigenen Wagen zur Grafschaftsbehörde fuhr, gezogen von zwei prächtigen Pferden.

Er wurde jedoch bald seiner Haft müde und erwirkte seine Freilassung, was, wie man sagte, ihn tausend Dollar kostete. Die Person, die den größten Einfluss auf Dexter ausübte, war eine Schwarze namens Lucy Lancaster, oder wie sie allgemein "Black Luce" genannt wurde, eine Frau von außergewöhnlicher geistiger Stärke, großer Schlauheit und bemerkenswerter Erinnerung und Kenntnis der menschlichen Natur, aber so böse wie klug. Sie hielt ihn für einen ehrlichen Mann und nicht so intellektuell defizitär, wie viele Leute glaubten, und schrieb seine Exzentrik einer Überfülle an Lebensfreude zu. Dies war wahrscheinlich teilweise wahr, obwohl es sicher ist, dass andere Geister in nicht geringem Maße zu den Exzessen seines Temperaments und den Eigenheiten seines Geschmacks beitrugen.

Er war dem Trinken ergeben und hielt mit seinem Sohn und anderen Gefährten seine Gelage in den besten Zimmern seines Hauses ab, wodurch in sehr kurzer Zeit all seine kostbare Möblierung ruiniert oder sehr beschädigt wurde.

"Nicht unempfindlich, dass er das gemeinsame Los teilen musste, bereitete Dexter viele Jahre vor seinem Tod sein Grab vor. Es war das Erdgeschoss seines Sommerhauses, prächtig ausgestattet und offen für das Tageslicht. Seinen Sarg, aus bestem Mahagoni, das er finden konnte, prächtig ausgekleidet und mit silbernen Griffen geschmückt, bewahrte er in einem Zimmer des Hauses auf und freute sich sehr darauf, ihn Besuchern zu zeigen; zu anderen Zeiten war er verschlossen."

Kurz nach seinem Tod bereitete Dexter eine Scheinbestattung vor, bei der mit Ausnahme seiner Familie und einiger Bekannter alles als echt durchgehen sollte. Verschiedene Menschen in der Stadt wurden per Einladungskarte eingeladen, kamen und fanden die Familie in Trauer gekleidet vor und sahen die Vorbereitungen für die Beerdigung im Gange. Der Begräbnisdienst wurde von einem Scherzbold gelesen, der dann eine bombastische Lobrede auf den Verstorbenen hielt. Die Trauernden zogen in Prozession zum Grab im Garten, der Sarg wurde niedergelassen, und sie kehrten in den großen Saal zurück, wo ein üppiges Festmahl bereitstand. Während des Festes hörte man ein lautes Geräusch, das die Gäste in die Küche lockte, wo sie den auferstandenen Lord sahen, wie er seine Frau rügte, weil sie während der Zeremonie keine Träne vergossen hatte! Er trat mit den erstaunten Trauernden in den Saal, bester Laune, gesellte sich zur Menge, warf Geld aus dem Fenster auf die Menge von Jungen hinunter und äußerte seine Zufriedenheit mit allem, außer der Gleichgültigkeit seiner Frau und der Stille der Glocken."

Lord Dexter starb am 26. Oktober 1806 in seinem Haus im Alter von 60 Jahren, und auf Anweisung des Gesundheitsamtes wurden seine Überreste auf dem allgemeinen Friedhof beigesetzt. Sein Grab ist mit einem einfachen Stein markiert.

Die Dexter-Villa steht noch heute und ist ein sehr schönes Anwesen, zeigt jedoch nur wenige Spuren der Marotten ihres früheren Besitzers. Von den über vierzig Statuen sind nur noch die drei Präsidenten übriggeblieben, die anderen wurden vom unaufhaltsamen Lauf der Zeit gestürzt. Einige von ihnen wurden im großen Sturm im September 1815 umgeworfen und bei einer Auktion verkauft.

Die Illustration in der Biografie bietet eine sehr exzellente und getreue Darstellung von Lord Dexter in seiner Geh weise, und das Bild des Hundes ist ebenso perfekt. Der Hund war vollkommen schwarz, und die Haut war so haarlos wie die eines Elefanten. Er unterschied sich so sehr von anderen Hunden wie sein Meister und sein Freund, der Dichter, sich von anderen Menschen unterschieden. Die Abbilder aller drei wurden von James Aiken, Esq., jetzt Einwohner von Philadelphia, mit großer Genauigkeit gezeichnet, und wenn der Mäzen und der Dichter in ihrer richtigen Person im Kostüm jener Zeit gesehen werden könnten, wären sie ein Objekt großer Neugier. Aber sie sind gegangen, und von jedem kann man wahrhaftig sagen:

Wir werden nie wieder seinesgleichen sehen.

Ansicht der Villa von Lord Dexter, High Street, Newburyport, 1806.

Eine Gurke für die Wissenden

An die Menschheit im Allgemeinen: Die Zeit des großen Freudenfestes ist endlich gekommen. Was bedeutet das? Ich will es euch sagen. Diese drei Könige sind erhoben, erhoben, wie ihr Wissen solltet, erhoben auf dem ersten Royal Arch der Welt, fast nicht ganz, aber sehr hoch, so dass sie ein guter Anblick sind. Die Frauen mögen es, die Vorderseite zu sehen, und alle Menschen lieben es, sie zu sehen. Die Quäker kommen und spähen heimlich und freuen sich und sagen, wie die Taube. Freund Vater George Washington steht in der Mitte, König Adams zur Rechten, der gegenwärtige König zur Linken. Vater George mit seinem Hut, der andere König in der Mitte mit seinem Schwert, König Adams mit seinem Stock in einer grandiosen Pose, der sein Gesicht dem ersten König zuwendet, als ob sie über Politik sprechen. Unser gegenwärtiger König hört zu, da er jünger und sehr taub ist. Kurz gesagt, ein großer Philosoph, der gut nach Osten, Westen, Norden und Süden schaut, taub und sehr taub. Der Gott der Natur hat viel für unseren gegenwärtigen König und all unsere früheren Könige getan, sie sind alle gut. Ich will, dass sie für immer leben, und ich glaube, sie werden es. Es ist harte Arbeit, König zu sein - ich sage, es ist härter als das Land zu bestellen. Ich weiß, dass es harte Arbeit ist, ein Lord zu sein. Ich wünsche mir nicht den Klang, aber um die Menschen im Allgemeinen zu erfreuen, lasst es geschehen, um für Abwechslung zu sorgen, um ein gutes Lachen zu fördern, um die kranken, spleenigen, gichtkranken, düsteren Gemüter wie mich selbst zu heilen, mit der Gicht und so weiter. Fröhlich machen, ein froher Christ ist für mich nur ehrlich. Es ist egal, was sie anbeten, Sonne, Mond oder Sterne oder ihre Frau oder Geliebte, wenn sie ehrlich sind, leben sie für immer.

Geld wird diese Figuren nicht so schnell besorgen, wie ich es mir wünsche. Ich habe nach Livorno geschickt, um viele zu holen. Herr Burr ist einer unter anderen. Ich habe im großen Katalog bestellt. Diese drei Könige sind derzeit schlicht weiß. Der Royal Arch und die Figuren kosten 39 Pfund Silber, der höchste Rang der Welt, so sagt es der Kenner. Ich habe nur vier Löwen und ein Lamm oben. Der Adler ist seit drei Jahren auf der Kuppel. Ich habe 13 Säulen vorne in gerader Reihe für 13 Staaten, als wir anfingen. Drei hinten, 15 Fuß hoch, vier weitere auf dem Rasen, zwei links vom großen Arch, zwei rechts, 15 Fuß hoch, der Arch 17 Fuß hoch. Mein Haus hat drei Stockwerke und ist über 290 Fuß im Umfang. Die Natur hat das Land so geformt, wie man es sich wünschen würde, und die Kunst des

Menschen ist wie die eines Salomo. Der ehrenwerte Jonathan Jackson, einer der ersten in diesem Land in Sachen Geschmack, ein großer Mann von Natur aus, mit der besten Bildung, unterstützte meinen Plan, da ich so einen grandiosen Ort hatte. Die ganze Welt kann dies nicht übertreffen. Jene, die es nicht wissen, würden denken, ich wäre wie die Hälfte der Welt, ein Lügner. Ich habe viel gereist, aber alte, beständige Männer sagen, es ist das Beste in diesem Land und anderen Ländern. Ich sage euch die Wahrheit, dass keiner von euch großen Männern von meiner Präsenz beleidigt wäre. Ich spare keine Kosten bei der Arbeit. Ich habe vor drei Jahren den Tempel der Vernunft in meinem Garten errichtet, mit einer Gruft darunter am Rand des Rasens. Es kostete 98 Guineas, abgesehen vom Sarg, der innen und außen weiß gestrichen ist, mit grünem Rand, edlen Verzierungen, einem ungewöhnlichen Schloss, so dass ich den Schlüssel von innen nehmen kann, mit Feuerwerk in der Gruft, Pfeifen und Tabak und einem Sprachrohr und einer Bibel zum Lesen und einigen guten Liedern.

Was ist ein Präsident? Antwort: Ein König. Bonaparte, der Große, hat so viel Macht wie ein König und sollte sie haben, und es ist ein Segen, dass er sie hat, zum Wohl der Menschheit. Er hat so viel Macht wie jeder König, denn weit zurück muss es einen Kopf geben, sonst sind die Menschen verloren, wie wilde Gänse, wenn sie den Ganter verlieren. Zweibeiner brauchen einen Kopf, sowohl Zweibeiner als auch Vierbeiner und zweibeinige Narren. Der Name Präsident ist, um die Menschen im Allgemeinen zu erfreuen, der Klang klingt am besten. Jetzt im Süden, gebt dem Norden nach, und der Norden, gebt dem Süden nach, sonst werdet ihr auseinanderbrechen. Was folgt, seid weise, haltet die Ketten zusammen, und wenn ihr euch nicht einigen könnt, konsolidiert zu einer königlichen Macht, denn ihr müsst zusammenhalten. Hört, ihr Arbeiter, seht, es gibt so viele Männer, die alle Offiziere sein wollen, und nun Soldaten. Armer König, jeden Tag will jemand einen Knochen, einige mehr als andere. Der König kann ohne das Feld nicht leben. Wir hatten unseren Turnus, großartiger Vater Adams, turne und turne um. Ruht euch aus, ihr werdet alle mit dem jetzigen König zufrieden sein, gebt Zeit, alles ist gesagt, nun, aber die Mehrheit, vier Fünftel mindestens.

TIMOTHY DEXTER

Freunde, hört mich an

Zwei Grenadiere sind in 20 Tagen gegangen. Freunde, ich werde euch von der Menschheit erzählen. Was ist das? Vor 35 oder 36 Jahren, in einer Stadt namens Newbury, alle in den Vereinigten Staaten. Die Leute von Newbury hielten zusammen, bis die Gebildeten stark wurden. Die Bauern waren 12 von 20, sie wollten die Offiziere auf dem Land haben. Diejenigen am Seehafen wollten sie dort haben. Eine Streiterei entbrannte, es wurde im Gesetz gekämpft. Sie gingen zum General Court, um es zu klären. Schließlich bekamen sie ihre Antwort: Der Seehafen, Newburyport, bekam 600 Morgen Land von dreißigtausend Morgen gutem Land. So viel zu den verrückten Leuten, Wissen macht sie verrückt. Hätten sie zusammengehalten, wären sie die zweitgrößte Stadt in diesem Staat geworden, etwa halb so groß wie Boston. Jetzt sind die Männer verrückt, weil sie in Ämter wollen. Es schadet den Leuten insgesamt, wie das Unschuldige Lamm zum Schlachthof zu bringen. Nun, es wäre sinnvoll gewesen, den Norden vom Süden zu trennen. Alles, was ich gesagt habe, bleibt.

Aber jetzt bleibt zusammen, es ist wie Mann und Frau in wahrer Liebe. Nun, wenn man im Größeren den Tod bringt, werdet ihr den Ruhm sehen. Ich sage, bleibt zusammen, brecht nicht die Kette. Erneuert brüderliche Liebe, die niemals vergeht, wie meine Kiste in meinem Garten. Seid eine große Familie, gebt einander nach. Diese Veränderungen sind wie Ebbe und Flut, hohe Wasser- und Liebesfluten. Für meinen Teil habe ich alle Könige gemocht, alle drei. Alle unsere bankrotten Kaufleute können keinen Gewinn mehr machen und müssen das Land bebauen. Geht arbeiten, alle, die aufs College gegangen sind, kommen mit Pantoffeln und versprechen zu zahlen und zahlen nie, nur mit einer Lüge. Ich schätze, vier Fünftel sind College-Leute oder Teufels-Leute oder vorgeben, ehrliche Freimaurer zu sein, aber sind es nicht. Vergebt mir für diese Vermutungen, ich hoffe, es ist nicht so. Die Gebildeten sind für Löwen und kleine Fische. Moses war nur ein Mensch, und Aaron, sie hatten etwas Teuflisches wie ich. Der Mensch ist dasselbe, gib ihm Macht. Ich sage, der Deckmantel der Regierungsangelegenheiten ist der schlimmste Betrug. Wir haben keinen Newburyport, wir sind bekannt dafür, die Ersten im Norden zu sein. Der Sabbat-Tag ist nicht halb genug, Nachtversammlungen machen Arbeit für die Ärzte und Krankenschwestern. Die Leute fangen sich Kälte ein, aber das Leben vermehrt sich schnell, um diejenigen zu ersetzen, die sterben. Arme Geschöpfe, ich habe Mitleid mit ihnen, sie werden von Priestern geritten. Es ist schändlich, arme Seelen ins Grab zu führen. Alle unsere Minister sind importiert, sehr gute Männer, voller Liebe zu Christus. Ich halte sie ein bisschen. Amen im Moment.

Der junge Mann, der fast alle meine Schnitzereien macht, seine Arbeit wird von unseren großen Männern sehr geschätzt. Eines Tages fühlte ich mich lustig und dachte, ich würde den jungen Mann fragen, wo er geboren wurde. Er sagte, nirgendwo. Was ist das alles? Wo wurde deine Mutter überschattet? Ich sagte, meine Mutter war es, wenn ich raten sollte. Nein, ich sage es in keiner Stadt, geboren auf dem Wasser. Ich sagte, du hast mich geschlagen, und so lachten wir und es schüttelte die Milz. Zeigt ihm ein Krähennest, er kann eines schnitzen, ein feiner Kerl. Ich hätte alles in Marmor gehabt, wenn jemand mir den Preis genannt hätte. Also habe ich acht Büsten für Könige und große Männer und einen Löwen und zwei Windhunde bestellt. Ich hoffe, in vier Tagen davon zu hören. An alle ehrlichen Männer.

TIMOTHY DEXTER

Herr Drucker,

ich muss noch fortfahren. Ich habe einen guten Federkiel. Mein Schicksal war hart, sehr hart, das heißt, ich habe harte Schläge auf den Kopf bekommen, vier verschiedene Male, von meiner Kindheit bis heute, zweimal für tot gehalten. Zwei Prügel kamen von einem Anwalt, dann wurde er wütend, weil das Volk mich einstimmig zum Lord Dexter, König von Chester, erklärte, und dass an meinem Landsitz, 26 Meilen von Newburyport entfernt. Mein Platz dort ist der erste vom Salzwasser bis Kanada. Dieser Anwalt, der mich verprügelte, war Richter Livermores Sohn Arthur, der gleiche Kreatur, die sich 200 Dollar einige Monate vor diesem Vorfall von mir borgte und dann nicht zurückzahlte. Er schlug seinen Wohltäter. Es war mein Pech, zehnmal schlimmer behandelt zu werden von denen, für die ich am meisten tat. Ich habe erst und letztlich so viel wie eine Tonne Silber verloren. Meine Frau, die damals war, hatte 400 Unzen Silber. Abraham Bishop, der vor zehn Jahren meine Tochter heiratete, hat seither zusammen mit ihr und meinem Sohn Samuel L. Dexter mehr als siebzehntausend Dollar von mir genommen. Der Rest wurde von Hampshire County gestohlen, von Gaunern, Sektenpredigern, Diakonen, Nörglern, die alle fünf Minuten seufzen oder Christus anrufen. Wir müssen an Christus glauben, oh, oh, Jesus wird uns retten. Manchmal denke ich, dass Salz und Rauch und Salpeter eines Tages sehr teuer sein werden, wenn sie mehr Rauch verwenden, oder die Prediger werden außer Arbeit sein.

Ich legte vor 24 Jahren einen Plan vor, Feiertage alle zehn Tage zu haben. Ich dachte, das würde der Nation eine Menge Geld sparen. In einem Jahrhundert hätten die Prediger dann Zeit zum Studium, dann schlagen sie kräftig zu und lassen den Schwefelrauch in ihre Nasenlöcher steigen, unter dem Deckmantel von Brot und Wein. Die Heuchler, die gespaltenen Hufe, sie tun es, um Macht zu erlangen, zu lügen und nicht misstraut zu werden. Alle Kriege werden größtenteils durch diese Gauner verursacht. Die gescheiterten Kaufleute sind kriegsfreundlich, weil sie nichts zu verlieren haben, und die Prediger sind bei allen Kriegen dabei, im Namen Gottes. Lasst den Teufel raus, wenn es alles Teufel ist. Wenn ihr die Wahrheit ertragen könnt, werde ich sie sagen. Der Mensch ist das beste Tier und das schlimmste. Alle Menschen sind mehr oder weniger der Teufel, aber es gibt Unterschiede: Manche zur Hälfte, manche zu drei Vierteln, der Rest ist ein anderes Tier: Ein Hund, ein Pferd, ein Bär, eine Katze, ein Löwe, eine Eule, ein Affe, eine Wildkatze, ein Lamm, eine Taube, ein Schwein, ein Ochse oder eine Schlange. Ich möchte, dass Täuschungen abgeschafft werden, aber das wird nie geschehen, solange die Prediger das Sagen haben. Was predigen die Prediger dem Teufel vor? Denn alle ihre Zuhörer, jung und alt, sind mehr oder weniger der Teufel. So predigen Teufel zu Teufeln und tadeln die Sünde. "Weiter, weiter," sagen die Heuchler, die Spötter Gottes. Gewohnheit und Tradition machen den Unterschied.

Ich sehe Gott in allen Dingen. Der Gott der Natur ist in allem. Wir leben und bewegen uns in Gott. Er ist der Gott der Natur, alle Natur ist Gott. Nehmt uns eines der vier Elemente: Feuer, Wasser, Luft oder Erde, und wir sind verloren. Also leben wir in Gott. Lasst uns alle gute Kinder sein und alles richtig machen. Die Starken müssen die Schwächen der Übeltäter tragen. Strenge Gesetze aufrechterhalten, die Zügel etwas straffer ziehen, Diebe so schnell wie möglich stoppen. Neun Nummern wurden in 23 Stunden geschrieben, als ich den Federkiel hielt, fünf Stunden und 35 Minuten. Ein Sortiment ist gut in einem Geschäft. Die Prediger bereiten ihre Waren sechs Tage lang vor, dann öffnen sie am Sonntag ihre Geschäfte, um ihre Waren zu verkaufen. Manche setzen sie besser ab als andere. Wenn ein Mann so schwach ist, dass er als Anwalt nicht taugt, macht man einen Prediger aus ihm. Schwache Dinge zu schwachen Dingen, die Blinden führen die Blinden, damit sie in dieselbe Grube fallen. So gehen sie durch die Welt in Dunkelheit, aber nur wenige Menschen haben ihre eigene Meinung, nicht einer von zwanzig, was die Güter dieser Welt angeht. Und so ist es auch mit der anderen Welt. Um den Weg zu erfragen, gehen sie zu einem Priester. Unsere Leute sind ungefähr dasselbe, nennen es nur anders. Anstelle eines Königs nennen sie es Präsident. Aber die Prediger haben Geld, um Seelen zu retten. Ich möchte wissen, was eine Seele ist. Ich möchte eine sehen, keine Galle. Ich denke, die Seele ist der denkende Teil. Es gibt große und kleine Seelen, große und kleine Geister, entsprechend den Körpern, die sie bewohnen. Die gleiche Mutter und der gleiche Vater, und sechs Kinder, wie sie sich in Aussehen, Teint und Handlungen unterscheiden werden. Manche für große Dinge, manche für kleine. Jetzt sage ich, dass meine Figuren Zinsen zahlen werden. Beweist es zuerst, indem ihr über meine Brücke geht, dann mehr Maut erhebt und den Markt der Stadt unterstützt, indem ihr Gasthäuser und Tavernen bevölkert, die Stadt und mich ehrt.

TIMOTHY DEXTER

Eine Sache noch:

Ich bin seit über 30 Jahren bekehrt und völlig ergeben für den Tag, den großen Tag. Ich wünschte, die Priester wüssten so viel, wie ich denke, dass ich weiß. Ihre Herzen würden vor Freude in den Himmel springen, so bereit wären sie für die Zeit des Jubels, zu gehen, zu gehen, um verheiratet zu werden mit einer feinen Witwe, deren Lampe brennt, die Lampen geschmückt mit Herrlichkeit. Die zitternden Quäker, nachdem sie bekehrt wurden und ihre Sünden weggewaschen sind, bleiben zu Hause und lassen die Unreinen hinausgehen, und so ist es auch bei mir. Ich bleibe zu Hause und bete für Diebe und Gauner, dass sie Tag und Nacht gerettet werden, bete für Sünder, arme Geschöpfe. Meine Haushälterin ist im Dunkeln, war damals schlecht verrückt, um gerettet zu werden. Sie sagt, sie habe gegen den Heiligen Geist gesündigt. Ich habe sie gefragt, was es ist, sie sagt, es ist etwas, aber sie kann es nicht herausfinden. Sie ruft den Priester, er kommt und fragt: "Was ist los?"

"Der Geist, der Geist, lieber Herr", und der Prediger spricht ein Gebet. Der Geist verschwand größtenteils, aber nicht ganz, ein Teil blieb zurück. Sie ist seitdem verrückt, der Priester kann den

Dämon nicht vertreiben. So viele Spitznamen, drei Dinge haben, so sagt der Prediger. Amen, Amen, so sehe ich den Glauben, den ich habe.

Sehr geehrter Herr Drucker,

Vor sieben Jahren und sieben Monaten war ich in New Haven bei einer Abschlussfeier. Vierzig Jungen erhielten ihre Abschlüsse, um Gutes oder Schlechtes zu tun. Der alte Mann mit dem Hut sagte ihnen, sie sollten die menschliche Natur studieren und als Brüder zusammenhalten. Von diesem Tag an dachte ich, dass alle, die aufs College geschickt wurden, dies taten, um ihren Lebensunterhalt aus der Arbeit anderer zu bestreiten.

Wenn die Colleges ein Jahrhundert lang fortgeführt würden und das Spiel weiterginge, rechnen Sie die Kosten von der Wiege bis zum 22. Lebensjahr. Betrachten Sie all das Geld, das ihre Väter und Vormünder ausgeben, einschließlich Zinsen und Zinseszinsen über hundert Jahre. Schätzen Sie es und berechnen Sie, wie viele hunderttausend Millionen Dollar es kosten würde, um verrückte Gauner und Diebe hervorzubringen, die den arbeitenden Mann, der schwitzt, um sein Brot zu verdienen, plündern.

Gute allgemeine Bildung ist das Beste. Einige gute Bücher, gut verstanden, sind am besten. Seien Sie ehrlich, lassen Sie sich nicht von Priestern reiten, es ist ein Betrug. Seien Sie in allem ehrlich.

Nun, mein Freund, lassen Sie dies so gehen, wie Sie es finden. Meine Art der Rechtschreibung ist eigenartig, doch ist es meine.

T DEXTER

Weiter Herr Drucker:

Für einen Prediger ist es ein großer Punkt, den Ton zu treffen. Als ich in Hampshire lebte, jammerte einmal ein New Light Baptist-Prediger, als er seine Predigt beendete, und sagte: "Oh guter Herr, ich hoffe, du wirst bedenken, welche vier Hinweise ich gegeben habe, und ich werde es später klarstellen. Ich bin jetzt sehr erschöpft, da das Wetter heute sehr warm ist. Lasst uns beten." Und so fuhr er fort mit "Feuer, Feuer und Schwefel" und Grunzen und Zappeln und versuchte zu weinen und zu schniefen und das Horn des Stinktiers zu blasen. Einige der alten Seelen und jungen Narren begannen zu weinen. Ich nahm meinen Hut und ging hinaus. Wie sehr werden Menschen und Frauen auf der ganzen Welt mehr oder weniger durch Predigertum betrogen. Oh, schämt euch, schämt euch. Ich bemitleide sie. Seid ehrlich, tut anderen das, was ihr wollt, dass sie euch tun in allen Dingen. Jetzt fürchtet den Tod. Amen.

T. D'r

Weiter

Welche unterschiedlichen Ansichten haben wir über diese Welt und die andere Welt. Zwei gute Frauen lebten in einer Stadt, in der ich einmal lebte. Eine war krank an einer Lungenkrankheit und nahe dem Tod. Beide gehörten der Kirche an, waren sehr ehrlich, nur die gesunde Frau war schwach in Ansichten und Dingen. Sie sagte zur kranken Frau: „Ich denke, du wirst meinen Mann sehen. Sag ihm, dass ich und mein Sohn uns sehr gut verstehen und dass wir alle wohlauf sind und die Sau hat Ferkel bekommen, sieben hübsche Ferkel, und auf Wiedersehen, Schwester." Das, glaube ich, ist gewiss wahr, und so lebe wohl. Ich werde in kurzer Zeit wiederkommen. Und ferner bin ich für einige wenige Täuschungen, aber sehr wenige, weniger als der Tod. Predigertricks sind sehr gut, wozu? Um alte Frauen zum Grunzen und junge Kinder zum Weinen zu bringen und alte Narren zum Schnaufen und Schnauben. Oh, ihr brecht Familien auseinander durch Unwahrheiten, Lügen und das Schwören auf eine Lüge. Halt! Ich bin am Leben, alte mich. Ich habe deinen bösen Kram gehört. Du hast meine Freunde genug verletzt, und wenn du nicht aufhörst, werde ich einen Abraham Bischof herbeirufen, um Nicholas und alle, die weiter lügen, zur Rechenschaft zu ziehen. Wenn es solche Dinge im Land gibt, werden Kirchenmitglieder finden, dass Täuschung perfekt ist, aber wenn es welche gibt, dann gehört das Unkraut verbrannt, das Abfallprodukt bespuckt oder das, das weder Wind noch Schmutz fürchtet. Geht vorbei an der schlechten Brut und schlimmer als Schmutz, wie ich zu sagen pflegte. Jetzt stinkendes, starkes Brot und Wein Meister, wie ist der Becher, ein schwarzer Mann, ein Freund von John Mekel, ein Gentleman von einem Krähennest. Wo jetzt? Wo Kohle, Kohle, wo, wo jetzt, wo? Oh ja, irgendwo, lieber Eulen, jetzt haben die Indianer dort gelebt, nur dass das nicht sein kann. Er war aus der Hölle, wo sein Bruder herkam. Oh ja, oh ja, oh ja, ein Krähennest oder ein Orgelpfeifer unten.

Aus dem Museum von Timothy Dexter, Esq.

Ich bin der erste Lord in den Vereinigten Staaten von Amerika, jetzt von Newburyport. Es ist die Stimme des Volkes, und ich kann nichts dagegen tun, also lass es geschehen. Da ich Lord sein muss, werden bald viele weitere Lords folgen, denn es tut weder einer Katze noch einer Maus noch der Sonne, dem Wasser oder der Luft weh. Dann mach weiter, alles ist einfach jetzt, keine Knochen gebrochen, alles ist gut, alles in Liebe. Nun beginne ich, den Grundstein mit großem Gedenken an meinen Vater George Washington zu legen, den großen Helden. 17 Jahrhunderte vergingen, bevor wir einen so guten Vater für seine Kinder fanden, und nun ist er zur Ruhe gegangen. Jetzt, um meine Liebe zu meinem Vater und den großen Charakteren zu zeigen, werde ich der Welt eines der großen Wunder der Welt in 15 Monaten zeigen, wenn mich kein Mensch drinnen oder draußen ermordet. Ein solches Museum auf Erden wird verkünden: "O Herr, du weißt, dass es wahr ist."

Weiter höre mich, guter Herr. Ich werde unseren Kindern nun zeigen, was in der Welt passiert ist. Großes zurück zu unseren Vorvätern, nicht altes Plymouth, sondern halt, bis zu Adam und Eva, um 45 Figuren zu zeigen, zwei- und vierbeinig, weil wir ohne Vierbeiner nicht auskommen können. Erstens sind sie unsere Nahrung, zweitens, um Dexters Museum zu vervollständigen, brauche ich 4 Löwen, um diese großen und geheimnisvollen Männer von Osten nach Westen, von Norden nach Süden zu verteidigen, die nun an den aufgestiegenen Orten sind. Das Lamm ist noch nicht bereit. Kurz gesagt, wenn es akzeptabel ist, forme ich eine gute und friedliche Regierung auf meinem Land in Newburyport. Komplett nehme ich 3 Präsidenten, den Gouverneur von Hampshire, alle nach New York, und den großen Mr. John Jay, das macht 2 in diesem Staat. Der König von Großbritannien, Mr. Pitt, Rufus King, überquert nach Frankreich, Louis XVI und dann der große Bonaparte, der große und ihr Sekretär Crow Biddey. Ich befehle Frieden und die größte brüderliche Liebe und nicht zu schwinden, verbunden mit dieser besten wahren Liebe, um alle Nationen auf der Erde zu regieren, nicht um sie zu tyrannisieren, sondern um sie in Ordnung zu bringen, wenn irgendwelche Despoten entstehen, in Bezug auf Grenzen oder andere wichtige Angelegenheiten, es bleibt Frankreich, Großbritannien und Amerika zu klären. Ein Kongress soll immer in Frankreich sein, alle Streitigkeiten sollen dort geklärt werden, und das kann geschehen. Das wird Mächte ins Gleichgewicht bringen und dann alle Kriege beenden. Deshalb habe ich das Lamm, das sich mit dem Löwen niederlegt. Das kann geschehen, wenn diese drei Mächte sich einig wären, den sogenannten Teufel beiseitezulegen und den Gentleman-Packsattel nicht länger zu tragen, sondern ihn wie Staub von den Füßen zu schütteln und über ihn zu lachen. Es gibt ein großes Aufsehen über ein zweibeiniges Geschöpf, er sagt, ich werde den schwarzen Teufel dort hinsetzen, halt, er würde die Frauen erschrecken, sodass das Gebäude nicht gebraucht würde. Ich müsste ein neues errichten.

Jetzt höre ich auf, ich stelle den Teufel neben den Stier, denn er ist ein stierähnliches zweibeiniges Tier. Halt, stelle ihn neben Salomon, der zu Lady Venus schaut. Jetzt halte an und beende. Es gibt große Unterschiede, ich werde dir das Geheimnis verraten, wie du den Teufel sehen kannst. Stelle dich auf den Kopf vor einen Spiegel und nehme eine Bibel in deinen Busen, faste 40 Stunden und schaue in den Spiegel. Es gibt keinen Teufel, wenn du den alten Kerl nicht siehst, aber ich versichere dir, du wirst diesen alten Teufel sehen.

An die ganze Menschheit kommt zu meinem Haus, um zu spotten und zu schmähen. Warum lacht ihr nicht vor Gott oder ich meine eure Besseren, denkt ihr, die höheren Mächte kennen eure Gedanken und Taten nicht. Nun, ich werde euch, guten und schlechten, sagen, es ist nicht höflich, zu kommen, um zu sehen, was die nackten Wände meines Grundstücks bedecken. Wenn ihr Gentlemen seid, würdet ihr fernbleiben, wenn alles in Marmor vollendet ist. Ich erwarte, selbst hinauszugehen, um zu helfen, wenn diese großen Männer ihre

Ähnlichkeit überall in den Vereinigten Staaten senden. Ich wünsche allen Druckern, bekannt zu geben, wenn es ihnen gefällt, durch Druck in den Zeitungen, zum Wohl der gesamten Menschheit.

Ich will meine Feinde zum Grinsen bringen wie eine Katze über einem heißen Pudding und dann weggehen und ihre Köpfe hängen lassen wie ein Hund, der beim Schafe stehlen erwischt wurde. Stopp, ich habe Angst, ich schreibe zu hastig, meine Leute beschweren sich über Tabakspucke, es macht Arbeit, es aufzuräumen. In den Frauenschulen darüber, spuckt in ihr Taschentuch oder spuckt gar nicht. Ich muss etwas sagen oder ich würde nichts sagen, daher mache ich Lärm in der Welt, wenn ich so alt werde, dass ich mein Zahnfleisch zermalme und nach Wasser lechze, und das ist Salzwasser, wenn es ein junger Teufel bringt und ein Diener, um auf die Gentlemen zu warten. Ein schwarzer Diener, sein Atem roch weit schlimmer als Schwefel, aber lass den Teufel in die Dunkelheit gehen und seinen Lohn nehmen, um die Menschheit für eine Weile zu täuschen. Dieser gespaltene Huf ist von einigen gesehen, aber die Falle wird den Teufel in der Zeit einholen. Ich bemitleide diesen armen schwarzen Mann, ich denke, sein Herr braucht ein wenig Reinigung, um Mr. Devil fast zu beherbergen, aber ich habe nicht gesagt, lass ihn weglaufen. Gute Nacht, Mr. Devil, trage das Schwert und das Geld mit dir, nimm John Mikel, Gentleman, gute Nacht.

T. DEXTER

DIES KOMMT ZUR Begrüßung

Mister Drucker,

die Unwissenden oder die Wissenden sagen, ich sollte tun, wie sie es tun, um Betrügereien aufrechtzuerhalten oder dasselbe zu tun: Täuschungen, um die Unwissenden zu täuschen, damit wir betrügen und ebenfalls Kriege führen und plündern können. Mein Wunsch ist, dass alle Lügner ihren Teil des Feuers und Schwefels in dieser Welt haben mögen, oder zumindest einen Teil davon. Andernfalls ist die Regierung nicht gut und muss bald gereinigt werden.

Wenn ein Anwalt einen Mann überfällt und ihn grausam fast zu Tode prügelt – ein Bürger, der vierundzwanzig Dollar für die Karosserie zahlt und nicht mehr als einen Dollar pro Woche für die Straßeninstandhaltung – und meine Großzügigkeit ein Teil dieser blutigen Angelegenheit ist: Kein Wilder würde einen Mann so schlagen, wie ich fast zu Tode geschlagen wurde. Ich wusste nicht, wie diese Männer kamen, um den besagten Anwalt davon abzuhalten, mich fast zu töten, bis einige Zeit später drei Männer die Handlung der blutigen Szene ohne Gnade sahen und den besagten Dexter ins Haus trugen, halb ohnmächtig oder nahe daran. Seht und erkennt den furchtbaren Anblick: blutend und auf einem Auge blind, zwei Schläge in zwei Stunden, mindestens.

Nun gibt es in diesem Teil der Welt Gesetze für einen wohlhabenden Mann zum Leben. Jene, denen ich Geld leihe, sowie Anwälte und andere, behandeln mich am schlimmsten. Das schafft Feinde. Dann diese Schurken – wenn es irgendwelche gibt, die mich eine Seele nennen und einen Streit mit mir über meine Zeitungen anfangen, um die Anwaltschaft zu bezahlen und das goldene Kalb zu schaffen – ein goldenes Kalb, kein Ochse. Nun hat die Stadt Chester mindestens zweihundert Pfund Silber verloren; ich glaube, es ist mehr Geld. Nun können sie mich in der Stadt haben oder einen Anwalt.

Wählt selbst, meine Freunde und Mitsterblichen. Friede sei mit euch allen. Amen. Sela. Schließlich, Brüder, kommt noch etwas mehr.

Chester, 29. September 1796.

TIMOTHY DEXTER

Für den Imperial Herald

Herrn Blunt & March,

Ich sage denen, die es betrifft—zur Majestät des Volkes von Newburyport, zur Begrüßung—

Es kostet achthundert Dollar im Jahr, um eine Wache in dieser Stadt zu unterhalten, und doch werden die Fenster der Herren eingeworfen, Zäune niedergerissen und Keller aufgebrochen, und viele andere Vergehen in der Nacht begangen. Schlafen die Wächter, oder haben sie Angst, diejenigen zu erwischen, die solche Praktiken ausüben? Rühmt euch nicht, wenn ihr das Freiheit und Gleichheit nennt. Newburyport hatte den Ruf, ein sehr zivilisiertes, ehrenwertes Städtchen zu sein; es ist ein großes Bedauern, dass einige böse Jungen oder junge Männer es in Verruf bringen sollten. Ich hoffe, unsere ehrenwerten und würdigen Herrscher werden diese ungehobelten Burschen dazu bringen, sich selbst zu erkennen und den Staub wie Schlangen zu lecken, um Vergebung ihrer Besseren zu bitten und es nie wieder zu tun, sondern zu bereuen und zu leben.

Nun, Mitbürger, ist es weise, ist es politisch, einen Mann oder Männer so schrecklich schlecht zu behandeln, dass sie gezwungen sind, die Stadt zu verlassen, wo sie einen Dollar pro Tag zahlten, um die Regierung zu unterstützen?

Ein Freund guter Ordnung, Ehre, wem Ehre gebührt—ein Freund großer Männer—an alle guten Bürger und ehrlichen Männer: auf Wiedersehen.

Viele Philosophen haben vieles über diese Welt vermutet oder geraten, und so weiter. Nun, ich nehme an, ich darf auch raten, da es Ratens Zeiten sind. Ich denke, die Welt ist ein sehr großes lebendes Wesen und war es immer und wird es immer ohne Ende sein, von Ewigkeit zu Ewigkeit, ohne Ende. Was auf diesem großen Wesen wächst, sind Bäume und viele andere Dinge. Anstelle von Haaren sind die Felsen Schimmel. Dies nennt man Land, wo die Haare wachsen, der Bauch ist das Meer—alle Arten von Fischen sind die Würmer im Bauch. Dieser große Körper muss gepflegt werden, damit wir unseren Lebensunterhalt davon bestreiten können, und durch Fleiß können wir leben—wir und die gesamte Tierwelt sind im Vergleich zu den Haaren auf dem Rücken oder Bauch dieses sehr großen, immensen Körpers weniger als Flöhe. Unter den Haaren arbeitet dieser große Körper der Natur, der unergründlich ist.—Alles, was wir wissen, ist, dass wir hier sind, wir kommen weinend auf die Welt und gehen stöhnend hinaus. Die Menschheit ist das herrschende Tier auf der Erde—im Meer ist der Wal der Hauptfisch—der Minifisch ist der kleinste Fisch—die großen Fische fressen die kleinen, und so zerstören sie nicht nur einander, sondern sie beherrschen auch die ganze Tier- und Fischwelt, sogar über einen Löwen hinaus, daher ist der Mensch das meisterhafte Tier und das schlimmste von allen—sie wissen am meisten und handeln am schlimmsten gemäß ihrem Wissen. Da die Menschheit von Natur aus so schlecht ist, denke ich, wenn die Kerze erlischt, sind Männer und Frauen erledigt, sie werden wie Schmutz oder Felsen liegen, bis die große Kanone feuert, und wenn diese losgeht, wird die Kanone so groß sein, dass sie neunhundert Millionen Tonnen des besten Pulvers enthält, dann wird das alles erschüttern und alle Knochen zusammenbringen, dann wird die Welt zu Ende sein. Alle Arten von Musik werden gespielt, Finanzsysteme werden beiseitegelegt, die Melodie wird sehr groß sein. Warum könnt ihr nicht das oben Geschriebene genauso glauben wie viele andere Dinge, die als wahr gelten; genauso wie das, was im letzten Centime über das Ausgraben eines

Frosches in fünfundzwanzig Fuß Tiefe unter der Oberfläche berichtet wurde, wo er fast so hart wie ein Fels war—dort war seine Form wie das Herausnehmen eines Steins aus einem Felsen—Dies ist von einem Prediger. Warum wollt ihr mir dann nicht auch glauben.

WUNDER DER WUNDER!

Wie groß die Seele ist! Wundert und bewundert ihr nicht alle, was ihr seht und hört? Könnt ihr alle die Hälfte der Wahrheit glauben und staunen, die Wunder zu hören, wie groß die Seele ist? Betrachtet nur—unermesslich! Seht nur, wie groß die Seele ist! —Wenn ein Mensch im Meer ertrinkt, was für eine große Blase steigt aus dem Wasser auf! Der letzte Moment des Sterbens des Mannes unter Wasser—das ist Wind—es ist die Seele, die als letztes aus der Tiefe aufsteigt zur Herrlichkeit—es ist der Atem von oben, der hinaufgeht zur Herrlichkeit. Die Blase ist die Seele. Ein junger Mann, der für das Wohl der Körper und Seelen jagt.

Meine Freunde und Mitsterbliche, es gibt einen ersten Ursprung aller Dinge, die vollkommen sind, so kam es, dass Abraham Bishop eine Bekanntschaft mit meiner Tochter schloss—sie war ein Baby, er alt an Jahren und an Wissen, und erfahren in Collegeland, Anwaltsland, Priesterland, Freimaurerland und Teufelsland. Er war damals ohne Bargeld, aber listig wie ein Fuchs, und als alter Fuchs war er hinter den Trauben her. Nachdem er von ihnen gekostet hatte, schrie er auf wie ein Wolf. Dieses Tier schickte meine Tochter nach Hause und sagte: "A B hat nicht alle Liebesgaben und kleinen Fische bekommen, aber er hat einen Teil davon bekommen." Und nun, neun Jahre später, habe ich meine Tochter wahnsinnig gemacht durch diesen wilden A & B, Hölle auf Erden. O, o, habt Mitleid mit mir, alle guten Mitsterblichen. Dieses Geschöpf A B ist verrückt vor Wissen und so arm wie eine Schlange und so stolz wie Luzifer. Er sagte, sein Vater sei zwanzigtausend Dollar wert und er nicht mehr als fünftausend Dollar. Er ließ sich von Bischof Bass trauen, bevor er gesegnet wurde und bestand darauf, verheiratet zu werden. Er sagte: "Dexter mag sie im Gesetz niederweinen."

Nach einiger Zeit wurden sie bekannt gegeben, dann bestand er darauf, keine Zeugen zu haben und versteckte sich schließlich. Mein Geist, meine Frau, die 13 Jahre alt war, wurde im letzten März getraut. Ich war vor fünfunddreißig Jahren im Mai mit dem Geist verheiratet. Ich war die ganze Zeit in der Hölle, noch mehr, seit Abraham Bishop in mein Haus kam. Er hat mir und meiner Familie eine Tonne Silber gekostet, es war der Grund für meine Trennung von Frau Dexter. Jetzt bin ich frei und suche nach einer Frau mit einer Seele. Der Geist war eine Gans und ein Fluch um sie herum. A B schlug meine Tochter auf ihre Seite, wie sie dem großen Anwalt Dexter und vielen anderen schwört. Ich glaube es, da viele die Wahrheit kennen. Der Schlag, den er ihr auf die Seite gab, erforderte, dass sie fast drei Jahre lang Pflaster auf ihrer Seite trug. Wenn Alkohol im Spiel ist, ist der Verstand zerstreut. A B ist das Tier oder Geschöpf, zweibeinig, kurze Verbindung, stiernackig, dicker

Schädel, dickes Haar, breite Schultern, schwarzes lockiges Haar. Er will ein Gott sein, aber als ich dieses Geschöpf sah, stellte sich heraus, dass meine Vermutung stimmte. Und wenn ich meinen Vater, den großen guten Mann Thomas Jefferson, sehe, werde ich die Katze aus dem Sack lassen und den Blinden Licht geben. A B wird für irgendein Amt taugen. Jedes Tier taugt für etwas. A B wird ein mittlerer guter Feldlagerkommandant sein, aber wenn ich ein schurkischer Mensch bin, so sei es. Ein Leopard kann seine Flecken nicht ändern, und ein Biber wird nicht auf einem Buckel wachsen. Ich glaube, wenn mein Vater die ganze Wahrheit über A B's Behandlung meiner Tochter aus ihrem Mund kennen würde, würde der große Mann Tränen der Trauer vergießen und ebenso alle guten Leute. Schockierend ist die Affäre.

Ich bin

TIMOTHY DEXTER

An die Menschheit im Allgemeinen.

Ich hatte niemals die Ehre, lange Zeit Mitglied des ehrbaren Freimaurerordens zu sein. Ich klopfte einmal, zweimal, dreimal, und der Geist erschien und sagte: "Du sollst nicht eintreten, weil du zu viel Wissen in deinem Kopf hast." Ich nehme an, hätte ich dazugehört, dann müsste ich Türen für Diebe und Räuber offenhalten. Ich habe genug Schurken, ohne eine Taverne zu führen. Ich will jetzt keine Abrahams noch jemanden aus dem Orden, nur vornehme Damen, die verheiratet sind, und große Herren, die aus der Stadt stammen, verheiratete Leute und feine Witwen, die ich gerne sehen würde. Ich möchte eine feine Witwe heiraten, denn ich habe seit dreizehn Jahren keine Frau mehr gehabt, im nächsten August.

Ich gab dem Geist vierhundert Gewicht Silber, um den Staat zu verlassen. Der große Anwalt Parsons, der Riese des Gesetzes, schrieb den Vertrag. Der Grund dafür war, dass Frau Dexter wollte, dass meine Tochter einen Bischof heiratet, was das Abkommen auslöste. Sie hat zwei Treuhänder, die das Geld verwalten und die Zinsen auszahlen. Sie ist so großzügig, dass sie ihre Nadeln selbst kauft, während ich die Stecknadeln, Scheren und alles andere kaufe. Sie lässt die Zinsen in den Händen der Treuhänder. Ich muss bald eine Gefährtin finden.

Auf Wiedersehen für jetzt mit Ruhm.

TIMOTHY DEXTER

Ich bitte die Menschheit um Vergebung dafür,

dass ich die Wahrheit gesagt habe. Ich meine keinem Lebewesen etwas Böses, nicht einmal einer Fliege – nur wenn sie mich beißt, töte ich sie, wenn ich kann. Ich war 14 Jahre lang mein eigener Trompeter, aber mein Trompeter ist tot. Wegen der vielen Wunden in meinem Gesicht und auf meinem Kopf tue ich es, um ein gutes Lachen zu erzeugen und meinen Geist vom Sinken abzuhalten. Habt Mitleid mit mir, ihr guten Menschen. Amen.

Außerdem heiratete ich die Witwe Frothingham. Sie hatte vier Kinder, und das gesamte Vermögen der Familie betrug weniger als dreizehnhundert Dollar. Diese Frau wurde verrückt und sagte, sie müsse in die Hölle fahren, weil sie eine unverzeihliche Sünde gegen den Heiligen Geist begangen habe. Sie wollte sich umbringen. In drei Monaten holte ich den besten Prediger der Stadt, um den Geist zu bannen. Er betete mit ganzem Herzen, konnte den Geist aber nur teilweise bannen. Seitdem ist sie verrückt. Es ist ein Wunder, dass ich noch lebe. Zwei Kinder saugten an ihrer Brust – es ist erblich. Zwei Kinder sind verheiratet und leben jetzt von mir. Sie sind gestört und schlagen mich oft mit Todesstöcken, und der alte Geist ist zu schlecht, um es zu sagen. Unter diesen Umständen schweige ich. Ich muss schneiden und räumen, das Anwesen verkaufen, eines der ersten Plätze der Welt. Ich habe große Angst um mein Leben, weil ich solche Schläge von zwei oder drei Geistern in meiner Familie ertragen musste. Es ist, als wären zwölfhundert Haufen wertvollster Juwelen oder sogar ein Küster nicht genug, um die Schläge zu ertragen. Für fünfzig Millionen Dollar würde ich das nicht tun. Worte können den blutigen Krieg in meiner Familie nicht beschreiben. Drei Geister, alles Lärm und Raub. Ich muss verkaufen, mit Tränen in den Augen. Ich kann nicht mehr schreiben. Lebt wohl, ich sage auf Wiedersehen.

T. DEXTER

Wie Dexter sein Geld machte

In Newburyport sagt man, ich habe mein Geld verdient, indem ich Walknochen für Schiffe als Ballast kaufte. Ich kaufte dreihundertvierzig Tonnen davon in Boston, Salem und New York, verdeckt und offen, und erzählte den Leuten, es sei für meine Schiffe. Sie lachten alle, sodass ich sie zu meinem eigenen Preis bekam. Ich hatte vier schlaue Männer als Helfer, die das Gerücht verbreiteten, wie ich es ihnen sagte. Ich war voller Bargeld und hatte neun Tonnen Silber zu dieser Zeit. Die Leute lachten mehr oder weniger, und es verbreitete sich sehr schnell. Aber hier liegt der Clou: In fünfzig Tagen rochen sie einen Braten und fanden heraus, dass die Knochen nach Newburyport gebracht worden waren. Spekulanten schwärmten wie Höllenhunde. Kurz gesagt, ich machte fünfundsiebzig Prozent Gewinn, was anderthalb Tonnen Silber und noch mehr ergab. Eine weitere lustige Geschichte: Ich träumte drei Nächte lang von Wärmepfannen und dachte, sie würden in Westindien nützlich sein. Ich kaufte etwa zweiundvierzigtausend davon und verteilte sie auf neun Schiffe für verschiedene Häfen. Sie kamen gut an, und ich machte neunundsiebzig Prozent Gewinn. Die Pfannen wurden zum Kochen verwendet und waren sehr gut dafür geeignet. Dies war das Beste, was ich je erlebt habe.

Ich stellte fest, dass ich im Spekulationsgeschäft sehr viel Glück hatte. Ich träumte, dass das gute Buch, die Bibel, in diesem Land an Wert verloren hatte. Vor neun Jahren war ihr Preis um die Hälfte gefallen und sie war schwer zu verkaufen. Ich hatte das nötige Bargeld und kaufte zwanzigtausend Bibeln zu zwölf Prozent unter dem halben Preis, also für einundvierzig Cent pro Stück. Ich verschiffte sie auf einundzwanzig Schiffe nach Westindien und gab den Befehl, dass jede Familie eine Bibel haben müsse, oder sie würden in die Hölle kommen. Wenn sie gesündigt hatten, sollten sie zur Bibel fliehen, auf die Knie fallen und die Bibel dreimal küssen und den Himmel um Vergebung bitten. Meine Kapitäne hatten vollständige Anweisungen. Das brachte mir hundert

Prozent Gewinn und noch ein wenig mehr. Dann stellte ich fest, dass ich genug Geld gemacht hatte und habe seit den alten Zeiten nicht mehr spekuliert. Durch Staatsanleihen habe ich siebenundvierzigtausend Dollar verdient. Das ist die alte Geschichte. Nun habe ich euch alle Geheimnisse verraten. Seid still und lasst mich in Ruhe. Wundert euch nicht mehr, wie ich zu meinem Geld gekommen bin.

T DEXTER

An alle ehrlichen Männer.

Habt Mitleid mit mir, denn ich war 35 Jahre lang in dieser Welt in der Hölle, mit dem Geist einer Frau, die ich geheiratet habe, und ich habe zwei Kinder, die noch leben. Abram Bishop hat meine Tochter geheiratet, und seitdem ist der Ärger so groß, dass Worte ihn nicht ausdrücken können. Neun Jahre Unordnung für eine Tonne Silber. Drei Monate lang konnte ich den Geist nicht in meinem Palast schlafen lassen, nicht einmal, um mein Leben zu retten. Ich werde verkaufen, wenn nicht, werde ich das Haus vermieten. Es ist so berüchtigt wie jedes Haus auf den Öl Inseln und weiter in der Welt oder seit Noahs Arche und der Sintflut, einschließlich meiner selbst. Schließlich gibt es keinen solchen Ort auf der Welt. Alles geht mit dem Haus, Pferde, Kutschen, alles außer Silbergeschirr und Schmuck. Ich behalte die Heilige Bibel und ein weiteres Buch. Mein alter Kopf hat drei Körper abgenutzt.

Es würde eine Gruppe von Ärzten eine Stunde dauern, um die Narben auf meinem Kopf zu finden und zu zählen, die vom Geist und anderen verursacht wurden. Amen.

Juni 1805 reine Wahrheit

T. DEXTER

Ich sage der große Mister Teufel,

der so viele Spitznamen hat, ein Freund der Priester, ist nun tot und der Papst ebenso und die Gründer der Freimaurerlogen, ein Betrug voller Krieg und Höllengröße, sind tot. Priester tot und Anwälte verdammt tot. Abraham b. Esel tot und alle Freunde der Menschheit singen Lobpreisungen, dass wir die große Familie der Menschheit sind, nun aus der Hölle erlöst, vom Feuer und Rauch, ewig brennend. Nun alle im Himmel auf Erden, jetzt alle Freunde. Nun für einen Tag der Freude überall auf der Welt als eine große Familie, alle Nationen vereint, keine Kriege mehr für fünfzig Jahre und länger. Ich empfehle Frieden, einen Kongress in Frankreich, und wenn wir bereit sind für einen Kaiser in diesem Land, ruft mich, um das Ruder zu übernehmen, oder als Berater in der Angelegenheit der Wahrheit. Amen und Amen.

TIMOTHY DEXTER

P.S. – Eine Sache noch, die ich zufällig nicht bedacht habe: Dieses große Wesen, das einige

Narren den Geist nennen und andere sagen, dass er gebraucht wird. Aber ich denke, dass es von Nutzen sein wird, den Thantron sterben zu lassen.

T. DEXTER

Verstreute Wahrheiten

Vor sechsundvierzig Jahren, im alten französischen Krieg, um Männer und Jungen zum Militärdienst zu bewegen, erzählten die Priester ihnen, dass sie genauso lange leben würden, wie wenn sie zu Hause blieben, denn jede Kugel hätte ihre Mission vom Herrn, der sie lenkte. Einmal, als der gute alte Mr. Emmerson eine Predigt hielt, hörte ich ihn sagen, dass aufgrund von Adams Sünde jetzt Millionen von Millionen von Kindern, nicht größer als eine Handspanne, in der Hölle seien. Das alles ist wahr. Und wenn es fast eine Dürre gab, riefen sie oft zu einem Fasten auf und beteten sehr ernsthaft, dass die Flaschen des Himmels entkorkt würden, damit der Regen herunterkommen könnte. Der Minister sagte nicht, wie groß sie waren, aber ich schätze, sie fassten jeweils fünfhundert Hogsheads.

27. Mai 1805

TIMOTHY DEXTER

Wahrheit

Ich bestätige, ich bin so sehr ein Narr, dass die Schurken meine Juwelen und Brote und kleinen Fische ohne meine Erlaubnis haben wollen. Erlaubnis ist leicht, sie nannten mich vierzig Jahre lang einen Narren. Jetzt werde ich alle Narren nennen, außer ehrlichen Männern. Um mich als Narren zu beweisen, konnte ich nie singen, noch Karten spielen, noch tanzen, noch eine lange Geschichte erzählen, noch auf irgendeinem Musikinstrument spielen, noch beten, noch eine Feder machen. Als ich jung war, konnte ich auf einer Maultrommel spielen, das ließ meinen Mund wässern und die Damen ebenfalls etwas wässern. Rate, was ich sagte? Nichts. Ein gutes Lachen ist besser als Weinen. Eine Muschel wird weinen und wässern, wenn sie aus ihrem Element heraus ist, genauso wie wir. Wenn ich den Geist nicht in meinem Haus hätte, würde ich, meine ich, meinen Brüdern und Schwestern Licht geben und Frieden auf der ganzen Welt haben und die Wahrheit in meine Freunde einhämmern, wie gut es ist, wie ehrlich es wäre und wie die Menschheit betrogen wurde und wie sie mit Unwahrheiten, Geistern und mysteriösen Teufeln geblendet wurde. Es gibt jetzt nichts von dieser Ordnung, alles Lüge. Die Freimaurer, wenn sie ein Buch der Wahrheit schreiben würden, würde ich es den Kreaturen geben, aber ich werde den Vorsitz führen und meinen Freund Bonaparte an meine rechte Hand setzen und den großen General Moreau an meine linke Hand. Genug, um das Schwert in den Banken zu geben. Ein Kaiser nur in Ruhe. Ich werde das Steuer in Liebe übernehmen, ich bin ein Quäker, kein Blutvergießen, alles in der Liebe eines Kaisers. Ihr werdet in vierzig Jahren einen haben. Ich könnte zurückkommen und sehen, wie ihr alle vorankommt und was ihr tragt, wenn der Geist weg ist und der mysteriöse Teufel Frieden auf Erden ist, bevor ich in meinen Tagen einen Krieg führen werde. Ich werde euer Freund, der Kaiser sein und wenn ich Hilfe brauche, werde ich meinen Freund Bonaparte und George den Dritten rufen und den Verlust aufteilen. Nun, passt auf, Frieden sage ich.

Akzeptiert, was mir offenbart wurde, denn es wird geschehen. Ich wurde geboren, als große Mächte herrschten. Ich wurde 1747 geboren, am 22. Januar, an diesem Tag am Morgen, ein großer Schneesturm, die Zeichen im siebten Haus. Mars kam vor, Jupiter hielt die Kerze. Ich sollte ein großer Mann sein. Mars bekam die Wette, ein ehrlicher Mann zu sein, um meinen Mitmenschen Gutes zu tun. Ich denke, ich bin ein Quäker, aber ich habe so wenig Verstand, dass ich nicht täuschen kann. Ich kann mein Haus fegen und alles Gold bekommen und aus der Hölle herauskommen, ist gesegnet. Gesetz und Wahrheit und Vernunft auf meiner Seite, es muss getan werden, wenn ich meine würdige Witwe bekomme, ist es getan. Kein einziges Wort des Zorns, solange ich lebe, zu einer guten Frau, das bestätige ich.

TIMOTHY DEXTER

Darüber hinaus

Ich habe keine der Damen von Prinzipien, die den Zins ausgeben. Ich werde Tag und Nacht alles, was ich habe, ausgeben und all das Gute tun, um zu gefallen. Ich kann so viel Himmel auf Erden schaffen, wie möglich ist, und dann in Frieden sterben. Amen und Amen. Für einen Gefährten muss ich haben, um diesen Himmel zu vollenden, dann bin ich glücklich, im Dunkeln in Frieden zu gehen, wenn die Kerze erlischt, im Herrn Gott der Natur. Ein weiteres Amen. Auf Wiedersehen.

T. DEXTER

Darüber hinaus

Ein großer guter Mann kam vor nicht allzu langer Zeit zu mir. Ich sagte dem besagten Mann, dass ich viele Feinde habe. Er sagt, das liegt daran, dass du zu ehrlich bist, um geliebt zu werden. Du gehst nicht auf gewöhnliche Weise mit Schurken um, Bibel machend und Freimaurerorden zu versprechen zu zahlen und niemals zu zahlen, nur mit einer Lüge und Hölle auf Erden. Täusche so viel du kannst, gib der Menge nach, dann bist du ein Bruder. Nun bin ich froh, dass ich die Tür nicht eingeschlagen habe. Mein gutes Glück, mein Gott und mein Gott, gesegnet sei mein gutes Glück.

T. DEXTER

Einige weitere Leckerbissen & Wahrheiten

Ich sage jetzt, seit der Arche Noahs hat kein Mensch es gewagt, so wenig zu lernen. Ich begann, als Abraham in meinem Haus war. Damals schrieb ich, dass diese Welt die Hölle sei und die Menschen Teufel seien, manche besser als andere, einige weiße Teufel, einige schwarze und einige Kupferteufel. Ich vergaß die blauen Teufel. Dies verbreitete sich weit und wurde in vielen Zeitungen gedruckt. Ein Bischof brachte mein Blut zum Kochen vor dreizehn Jahren im letzten März, als ich anfing zu schreiben. Ich sagte, die großen Schurken seien die besten Männer, oh oh, wie beschämend. Der ehrliche Mann wurde ausgelacht und ein Bischof, der voller Wissen ist, macht ihn wütend, ein Luzifer zu sein. Seine Herrschaft ist kurz. Ich hoffe, meinen Vater, den großen Philosophen, den Präsidenten, vor meinem Tod zu sehen. Die Wahrheit muss er kennen. Amen.

T DEXTER

Ich weine, weine wie ein Baby

Ich weine, weine wie ein Baby, wenn ich schreibe, mein Kummer ist so groß, dass meine Tochter so verrückt ist. Das Risiko für unser Leben, solche Schläge mit solchen Waffen von einem Moment auf den anderen zu bekommen und solche Prellungen zu erleiden, ist dreißig Millionen Dollar wert für einen armen Mann und andere. Oh, Prellungen, sie wollen mein Leben, um mein Geld zu bekommen, und so muss ich verkaufen und ein Bürger der Welt sein. Es ist ein Wunder, dass ich noch lebe. Die Vögel werden oft zwitschern, bevor ich schlafen kann, der Lärm ist so groß, die Hölle. Kein Abraham Bishop mehr, er will Gott sein. Lasst gesagt werden, dass das Biest zweimal geht und sich so verhält. Zu viel Wissen macht am Ende Schurken und Narren. Grabe einen Graben und falle hinein, weißes Seil oder Haarseil, nimm sie rechtzeitig.

Wahrheit

Dies ist mir offenbart worden,

wie die Welt gemacht wurde und aus welchem Stoff sie gemacht wurde, ist die Frage. Jetzt sage ich es mit Papier, Stift und Tinte und Druck: Die Tiere waren die Gründer davon, mit einer Lüge und Lügen auf Lügen, schlimmer als Bestien oder Schlangen oder Wölfe oder Bären, Tiger, Teufel und zehnmal schlimmer mit all diesen Lügen, Unwahrheiten. Die Welt war immer so und ist es immer noch. Achtet auf die Wahrheit, Amen.

TIMOTHY DEXTER

Vor sechs Tagen und mit sehr guter und harter Arbeit kann ich mein Monument nicht in sechzig Tagen fertigstellen und arbeite hart, sehr hart und schwitze, weil mir viele Hände fehlen. Ich hatte weder Hiram noch Solomon, nur mich selbst.

T. DEXTER

Weltschöpfer, die Menschheit mit Marmor und Pergament und Papier, Feder und Tinte und

Druckertips und Lügen auf Lügen, Amen und Amen. Die Welt wurde in sechs Tagen aus dem Nichts erschaffen, oh ja, oh Lüge. Nun, alles wahre Lüge, ja, die ganze Welt über.

TIMOTHY DEXTER

ANHANG

ZU EHREN VON TIMOTHY DEXTER ESQ.

Dieser große Philosoph kann in der Tat als Phänomen der Natur bezeichnet werden! Die vielen literarischen Qualifikationen, die er besitzt, machen ihn zu einem der führenden literarischen Charaktere. Diese unvergleichliche Produktion aus der Feder dieses wunderbaren Philosophen, genannt „Eine Gurke für die Wissenden“, hat nicht nur universellen Beifall erhalten und gilt als von erster Größe in der literarischen Welt, sondern hat sich so schnell verkauft, dass ein Exemplar nicht zu bekommen ist, obwohl es von Männern mit den höchsten Verdiensten eifrig gesucht wurde.

Wo können wir einen Mann finden, der so umfassend nützlich und so hervorragend geeignet ist, Licht in eine dunkle und unwissende Menge zu bringen, wie dieser seltene Philosoph? Wie durchdringend ist sein Verständnis! Wie tief seine Ideen! Welche Vielzahl von Entdeckungen, die zuvor im Embryo verborgen waren, sind auf das Nicken seines Genies hin erschienen! Sicherlich können wir sagen, Gesegnet sind die Menschen, die mit dem größten Leuchtkörper, der je einer existierenden Welt Licht gab, hoch begünstigt sind!!

Während wir versuchen, ein gerechtes Porträt dieses bemerkenswerten Naturforschers und Philosophen zu zeichnen, ist seine Großzügigkeit nicht weniger ein Thema der Bewunderung als seine literarischen und philosophischen Fähigkeiten. Die Bereitschaft, mit der seine wohlwollende Seele Spenden macht, ruft den dankbaren Dank aller hervor, die großzügig aus seiner barmherzigen Hand unterstützt wurden.

Seht ihn als Ersten, der hilft, eine Kirche für die Anbetung Gottes zu bauen! Seht ihn großzügig für den Kauf von Glocken, das bereitstehende Geld ohne Zögern geben! Seht ihn sein Vermögen ausgeben, um in ewiger Erinnerung Charaktere zu bewahren, die in Europa und Amerika mit beispielloser Größe geglänzt haben!

Hier versagt das Thema. Der eitlen Menschheit mag es ebenso gut gelingen, den Lauf der Natur aufzuhalten, wie diesem wunderbaren Mann gerecht zu werden!

Salem, 14. Juni 1805

Siehe, die ganze Natur steht fassungslos
Zu hören deinen Ruhm von Osten nach Westen!
Wie groß, wie erhaben ist das, was wir von dir hören,
Du Mann des Verstandes—du östlicher Stern!

Alle Menschen fragen—doch wenige können sagen,
Wie du in der Wissenschaft glänzt!
Großes philosophisches Genie, wir,
Die geringsten Reptilien, beugen das Knie.

Vor deinem majestätischen Schrein schrumpfen wir!
Was können wir tun, sagen oder denken!
Beim Nachdenken über deinen Wert,
Der die ganze Erde erstaunt hat.

Großer DEXTER, würde die Welt recht handeln,
Dein Name würde mit strahlendem Licht glänzen!
Jeder würde deinen wunderbaren Ruhm verkünden,
Und beim mächtigen Namen DEXTER jubeln!

Mein Herr Dexter,

Durch die Höflichkeit von Mr. Emerson erhielt ich den sehr wertvollen Inhalt Ihres Pakets. Eine neue Ausgabe dieser beispiellosen Leistung mit dem Titel „Eine Gurke für die Wissenden“ usw. wird von den Freunden der Literatur in diesem Land und in England sehr dringend gefordert—und ich nehme an, dass mit den Ergänzungen und Verbesserungen, die die zweite Ausgabe begleiten sollen, vorausgesetzt, dass sie gut gedruckt wird, dem Autor ein Sitz bei den Jüngern von Sir Joseph Banks, wenn nicht sogar ein Platz in Bonapartes Ehrenlegion zustehen würde—denn mein Herr DEXTER ist ein ehrenwerter Mann. Aber, Herr, das Werk kann nicht für die genannte Summe ausgeführt werden—noch in der angegebenen Zeit.—Ich werde eine Auflage von 500 Exemplaren mit den Ergänzungen für fünfzig Dollar drucken und kann sie nicht für weniger machen.

Wünschend Eurer Lordschaft Gesundheit auf Dauer—eine Fortsetzung Ihrer bewundernswerten Vernunftfähigkeiten—gute Stimmung und eine

Fülle von Reichtum—und schließlich eine sichere Überfahrt über jeden Fluss, nicht mit Sticks, sondern mit einem Vergnügungsboot, verbleibe ich mit äußerster Tiefe Ihr ergebener

W. CARLTON.

Der hochgeehrte Herr Dexter, Kt. Newburyport.

Die folgenden Stücke sind nicht von mir geschrieben, aber sehr amüsant.

TIMOTHY DEXTER

Herr Melcher,

die Veröffentlichung des folgenden Auszugs aus einem Brief, der angeblich von einem Händler unter den Indianern an einen Freund stammt, könnte einige Ihrer Kunden der Zeitung amüsieren.

Vor ein paar Tagen besuchte mich einer der Indianer. Nach einiger Unterhaltung sagte er, dass ein Prediger aus den Vereinigten Staaten bei seinem Stamm gewesen sei, um ihnen die christliche Religion zu lehren. Er sagt, dass es nur einen lebendigen und wahren Gott gibt, der ein guter, weiser und mächtiger Geist ist (das sagt auch dieser Indianer) und dass es drei Personen in der Gottheit gibt, von einer Substanz und Macht: Gott der Vater, Gott der Sohn und Gott der Heilige Geist, dass der Vater von niemandem ist, weder gezeugt noch hervorgehend, der Sohn ist ewig vom Vater gezeugt, der Heilige Geist ewig vom Vater und vom Sohn hervorgehend, und dass der Heilige Geist eine Jungfrau besuchte und den Sohn in sie brachte;

wo er neun Monde blieb und dann wie andere Kinder geboren wurde, wurde Gott und Mensch geboren, dass er, als er etwa dreißig Jahre alt war, zu predigen begann, aber die großen Männer mochten seine Predigten nicht, schickten ihre Krieger, die ihn fingen und töteten.

Die Indianer fragen, was all dieses Gerede bedeute, er sagt, dass der erste Mann und die erste Frau Gottes Gesetz brachen, indem sie das aßen, was Gott verboten hatte, dass daher sie und alle Kinder, die von ihnen abstammen, sterben und nach dem Tod für immer bestraft werden müssen; dass der Sohn kam und starb, um einige der Menschheit davor zu bewahren, nach dem Tod bestraft zu werden. Oh! seltsam, dass Menschen den Sohn Gottes töten konnten und dass sein Tod der Menschheit nützen würde—viele Menschen starben vor dem Sohn Gottes und wussten nichts über ihn—dann wurde gefragt, ob sein Tod den armen Indianern nützen würde; er sagt ja, wenn sie glauben; dann sage ich, dass Pappoose nicht glaubt, dass es ihnen nützt; er sagt, das müsse man Gott überlassen und für sich selbst glauben—einer sagt, es sei schwer, solche Geschichten zu glauben; wenn Indianer solche seltsamen Dinge erzählen, glauben die weißen Leute sie nicht.

Eine kuriose Predigt, von Rev. Mr. Hyberdin, die er auf Wunsch bestimmter Diebe hielt, die ihn auf einem Hügel bei Hartlgrow in Hampshire (England) in deren Gegenwart und zu dieser Zeit ausraubten.

Ich wundere mich sehr, dass irgendjemand das Stehlen schmäht und denkt, dass die Täter dessen des Todes würdig sind da es, als etwas angesehen wird, das der Tugend nahekommt, in allen Ländern gebraucht wird und von Gott selbst erlaubt ist; was ich Ihnen nicht kurz und bündig zeigen kann, da ich so kurzfristig und unter so scharfen Umständen zu Ihnen spreche. Ich muss Sie, sanftmütige Zuhörer von Dieben, bitten, in guter Absicht aufzunehmen, was mir gerade in den Sinn kommt, und zweifle nicht daran, dass Sie, durch Ihr gutes Wissen,

viel mehr hinzufügen können als das, was ich Ihnen jetzt bieten werde.

Erstens wird Tapferkeit und Mut, sowie auch Kühnheit des Geistes von manchen Menschen als Tugend angesehen; wenn dies gewährt wird, wer wird dann nicht die Diebe als tugendhaft beurteilen? Denn sie sind von allen Menschen die mutigsten und kühnsten und am wenigsten furchtsam; denn Stehlen ist eine übliche Sache unter allen Menschen; denn nicht nur ihr, die ihr hier anwesend seid, sondern auch viele andere an verschiedenen Orten, Männer, Frauen und Kinder, Reiche und Arme, gehören täglich zu dieser Fakultät, wie der Henker von Newgate bezeugen kann; und dass es von Gott selbst erlaubt ist, zeigt die Schrift; denn wenn ihr den ganzen Verlauf der Bibel untersucht, werdet ihr feststellen, dass Diebe von Gott geliebt wurden; denn Jakob, als er aus Mesopotamien kam, stahl die Kitze seines Onkels Laban. Derselbe Jakob stahl auch den Segen seines Bruders Esau; und doch sagte Gott, ich habe Jakob erwählt und Esau verworfen. Die Kinder Israels, als sie aus Ägypten kamen, stahlen die Juwelen aus Silber und die

Juwelen aus Gold der Ägypter, wie Gott ihnen befohlen hatte.

David kam zu der Zeit von Abjatar, dem Hohepriester, in den Tempel und stahl das geweihte Brot; und doch sagte Gott, "David ist ein Mann nach meinem Herzen." Christus selbst, als er hier auf Erden war, nahm einen Esel und ein Fohlen, die nicht ihm gehörten; und doch sagte Gott, "Dies ist mein geliebter Sohn, an dem ich Wohlgefallen habe." So seht ihr, dass Gott Diebe erfreute. Aber am meisten wundere ich mich, dass Menschen Diebe verachten können, während sie in vielen Punkten Christus selbst ähneln; denn Christus hatte keinen festen Wohnsitz, genauso wenig wie ihr—Christus wurde, schließlich gefangen genommen, und so werdet ihr—er ging zur Hölle, und so werdet ihr. In diesem Punkt unterscheidet ihr euch von ihm, denn er ist auferstanden und in den Himmel gegangen—so werdet ihr niemals ohne Gottes große Barmherzigkeit tun, die Gott euch gewähre.

Dem Vater, dem Sohn und dem Heiligen Geist sei alle Ehre und Herrlichkeit, für immer und ewig. Amen.

Aus der Providence Phœnix vom Dezember 1804.

MARQUIS VON NEWBURYPORT!!

[Am vergangenen Montag kam der edelste und illustre Lord TIMOTHY DEXTER aus Newburyport, Massachusetts, in diese Stadt.

Seit seiner Ankunft hat er die Veröffentlichung der folgenden Strophen in der heutigen Zeitung verlangt, als eine bescheidene Hommage an die unergründliche Majestät seines Namens! Während sie als ein brillantes Beispiel für die begabten Talente und die bewundernswerte Erhabenheit des Dichters dienen, von dessen Feder sie stammen, können die Kenner der Genealogien und die Verehrer des Adels und des grenzenlosen Reichtums eine reiche und köstliche Befriedigung aus dem Thema ziehen, dem sie gewidmet sind!]

ZUSÄTZLICHE ANZEIGE.

DES BERÜHMTEN

LORD DEXTER.

LORD DEXTER ist ein Mann von Ruhm,
Sein Name klingt wie süßer Blum;
Wertvoller weit als reines Gold,
Lord Dexter, lebe ewig hold.

Sein edles Haus erstrahlt so klar,
Wie Libanons schönster Berg fürwahr,
Noch keiner trat herein mit Hast,
Der jemals wieder fortgewollt' als Gast.

Sein Haus ist voller süßem Duft,
Reich geschmückt sind seine Zimmerluft;
Drinnen und draußen herrlich geziert,
Auf seinem Dach ein Adler formiert.

Sein Haus ist weiß und grün verziert,
Von weitem kann es werden erspäht;
Es leuchtet hell wie jeder Stern,
Weit verbreitet ist sein Ruhm und gern.

Lord Dexter, dein alleiniger Name
Glänzt heller als des Königs Rahme;
Dein Name steht im Buch der Ruhm,
Und Fürsten verkünden seinen Glanz und Tun.

Lord Dexter hat auch einen Wagen,
In Prunk und Pracht sieht man ihn jagen;
Die Pferde kauen das silberne Gebiss,
Und werfen Schaum um ihre Füß'.

Die Statuen um ihn stehen bereit,
Nach seinem Befehl wurden sie gefreit;
Schauend, wie Lord Dexter kommt an,
Mit festem Blick sehn sie ihn heiman.

Vier Löwen wachen an der Tür,
Mit offenem Maul zur Abwehr hier
Von Feinden, die stören Lord Dexters Ruh',
Oder seinen schattigen Hain dazu.

Lord Dexter, wie König Salomon,
Hat Gold und Silber tonnenweis schon,
Und Glocken für Kirchen hat er gegeben,
Zum Gottesdienst dem König des Himmels eben.

Seine großen Taten sind so weit,
Er wird geehrt von Kirche und Staat;
Und wenn er kommt, muss jedermann weichen,
Um Lord Dexter das Feld zu bereiten.

Wenn Dexter stirbt, wird alles trauern,
Lord Ost, Lord West, Lord Nord wird schauern,
Und dann wird Lord Süd mit Prunk einher,
Und trägt seinen Körper zum Grab schwer.

Sein Grab ist ein herrlicher Anblick,
Tausend Düfte strömen aus dem Glück;
Wenn Dexter stirbt, weinen Weiden,
Und trauernde Freunde füllen die Straßen.

Möge Washington unsterblich stehen,
Möge Jefferson durch Gottes Segen
Das Recht aller Menschen stützen,
John Adams nicht ein Jota dahinter.

Amerika mit all deinen Scharen,
Stoßt auf Lord Dexter in vollen Garben;
Möge er sein Leben in Frieden genießen,
Und wenn er tot ist, sein Name nie erliegen.

Im Himmel möge er immer regieren,
Denn dort gibt es kein Leid, keine Sünden und Schmerzen:
Der Welt überlasse ich den Rest,
Um Lord Dexter gesegnet auszusprechen, wie best.

, ,

, ,

, ,

, ,

, ,

, ,

, ,

, ,

, ,

; ;

; ;

; ;

; ;

;;;;;;;;;;;;;;;;;;;;;;;;;;;;;;;;;;;;;;

::::::::::::::::::::::::::::::::::::::

::::::::::::::::::::::::::::::::::::::

::::::::::::::::::::::::::::::::::::::

::::::::::::::::::::::::::::::::::::::

??????????????????????????????????????

??????????????????????????????????????

??????????????????????????????????????

??????????????????????!???????????????

!!!!!!!!!!!!!!!!!!!!!!!!!!!!!!!!!!!!!!

!!!!!!!!!!!!!!!!!!!!!!!!!!!!!!!!!!!!!!

!!!!!!!!!!!!!!!!!!!!!!!!!!!!!!!!!!!!!!

!!!!!!!!!!!!!!!!!!!!!!!!!!!!!!!!!!!!!!

''''''''''''''''''''''''''''''''''''''

''''''''''''''''''''''''''''''''''''''

''''''''''''''''''''''''''''''''''''''

''''''''''''''''''''''''''''''''''''''

....

....

....

....

-

Anmerkung des Schreibers: Der Block von Satzzeichen (auf einer eigenen Seite) bleibt in dieser Ausgabe unerklärlicherweise unkommentiert. Dexter schrieb vor diesem Block in der zweiten Ausgabe:

„Verehrter Herr Drucker, die Wissenden beschweren sich über mein Buch, die erste Ausgabe hatte keine Satzzeichen. Ich habe hier genug hinzugefügt, und sie können es nach Belieben würzen.“

Nachwort des Übersetzers

Die Übersetzung dieses Buches war eine besondere Herausforderung und eine faszinierende Reise zugleich. Timothy Dexter, oft als der «dümmste Millionär der Welt» bezeichnet, hinterlässt bei näherer Betrachtung einen anderen Eindruck.

Die Frage, ob Dexter tatsächlich so naiv war, wie er oft dargestellt wird, oder ob er im Endeffekt viel schlauer war, ist komplex. Auf den ersten Blick mögen seine Geschäftsideen absurd erscheinen – wie etwa der Verkauf von Handschuhen in der Karibik oder von Kohle nach Newcastle. Doch erstaunlicherweise waren viele seiner Unternehmungen erfolgreich. Dies deutet darauf hin, dass er möglicherweise ein tieferes Verständnis für Märkte und menschliches Verhalten hatte als seine Zeitgenossen ihm zuschrieben.

Dexter war unkonventionell und bereit, Risiken einzugehen, die andere vermieden hätten. Während viele seiner Zeitgenossen lediglich redeten oder zögerten, handelte er.

Diese Eigenschaft könnte als Schlauheit interpretiert werden, da er in der Lage war, Gelegenheiten zu erkennen und zu nutzen, die andere übersahen. Sein Freiheitsdrang und sein Mut, unkonventionelle Wege zu gehen, zeichnen ihn aus.

Seine Beziehung zu Abraham Bishop und dessen Tochter zeigt zudem eine menschliche Seite von Dexter, die in vielen seiner Schriften durchscheint. Auch seine scharfe Religions- und Kirchenkritik offenbart einen Mann, der etablierte Institutionen infrage stellt und sich nicht scheut, seine Meinung offen zu äußern. In seinen Werken findet sich auch eine philosophische Tiefe, die an den berühmten Satz von Sokrates erinnert: «Ich weiß, dass ich nichts weiß.»

Ein weiteres interessantes Element in Dexters Werk ist seine eigenwillige Rechtschreibung und Zeichensetzung. Um Verwirrung zu vermeiden, habe ich in meiner Übersetzung versucht, alles verständlich zu übersetzen, jedoch seine Eigenheiten zu bewahren.
Dexter war auch von den Ideen der Freimaurerei

und möglicherweise der Illuminaten beeinflusst, was seine kritische Haltung gegenüber etablierten Autoritäten erklären könnte. Seine Bezugnahmen auf den Teufel und seine Darstellung der Religion als eine große Täuschung sind ein weiteres Beispiel für seine unorthodoxe Denkweise.

Abschließend möchte ich das Wort «papoose» übersetzen, wie es in Dexters Werk vorkommt. Das Wort «papoose» stammt aus der Algonkin-Sprache und bedeutet «Kind» oder «Baby». Dexter verwendet es in einem Brief, um die Naivität und Leichtgläubigkeit derjenigen zu beschreiben, die an die Geschichten über die christliche Religion glauben, die ihnen erzählt werden. Dies zeigt einmal mehr seine unkonventionelle Denkweise und seine Fähigkeit, etablierte Normen und Überzeugungen in Frage zu stellen.

Timothy Dexter bleibt eine faszinierende Figur in der Geschichte – ein Mann, der sich durch seine unkonventionelle Herangehensweise und seine Bereitschaft, Risiken einzugehen, von anderen abhob. Sein Leben und Werk bieten uns wertvolle

Einblicke in die menschliche Natur und die Möglichkeiten, die sich eröffnen, wenn man bereit ist, über den Tellerrand hinauszuschauen.

Inspiration durch Timothy Dexter: Was wir aus seinem Leben lernen können

Timothy Dexter mag auf den ersten Blick wie eine kuriose Figur aus der Geschichte erscheinen, aber bei näherer Betrachtung können wir viel von ihm lernen und Inspiration für unser eigenes Leben gewinnen. Hier sind einige Lektionen, die wir aus seinem ungewöhnlichen Leben und seinen Abenteuern mitnehmen können:

1. **Mut zum Unkonventionellen:** Dexter hatte keine Angst davor, gegen den Strom zu schwimmen. Seine Geschäftsideen waren oft ungewöhnlich und wurden von vielen belächelt, doch er ließ sich davon nicht beirren. Dieser Mut, unkonventionelle Wege zu gehen und Dinge anders zu machen als andere, kann uns dazu inspirieren, unsere eigenen, einzigartigen Ideen zu verfolgen, selbst wenn sie zunächst seltsam oder unrealistisch erscheinen mögen.

2. **Handeln statt nur Reden:** Während viele Menschen nur darüber reden, was sie tun könnten, hat Dexter tatsächlich gehandelt. Seine Bereitschaft, Risiken einzugehen und sofort zu handeln, anstatt nur zu planen und zu diskutieren, führte oft zu erstaunlichen Erfolgen. Dies erinnert uns daran, dass Taten mehr zählen als Worte und dass wir durch Handeln viel mehr erreichen können als durch endloses Überlegen.

3. **Durchhaltevermögen:** Trotz vieler Rückschläge und Kritik hat Dexter nie aufgegeben. Seine Entschlossenheit und sein Durchhaltevermögen waren entscheidend für seinen Erfolg. Diese Eigenschaft kann uns motivieren, auch in schwierigen Zeiten durchzuhalten und nicht aufzugeben, selbst wenn der Weg hart und steinig ist.

4. **Kritisches Denken:** Dexter stellte etablierte Überzeugungen und Institutionen infrage. Seine kritische Haltung gegenüber Religion und anderen gesellschaftlichen Normen zeigt, wie wichtig es ist, selbst zu denken und nicht blind den Massen zu folgen. Dies kann uns ermutigen, unsere eigenen Überzeugungen und Werte zu hinterfragen und unabhängig zu denken.

5. **Kreativität und Innovation:** Viele von Dexters Ideen waren ungewöhnlich kreativ. Er dachte außerhalb der üblichen Grenzen und fand innovative Lösungen für Probleme. Diese kreative Denkweise kann uns dazu inspirieren, neue Wege zu finden, um Herausforderungen zu meistern und unsere Ziele zu erreichen.

6. **Selbstvertrauen:** Dexter hatte ein starkes Selbstbewusstsein und glaubte an seine Fähigkeiten, selbst wenn andere an ihm zweifelten. Dieses Selbstvertrauen ermöglichte es ihm, seine Visionen zu verwirklichen. Wir können von seinem Beispiel lernen, an uns selbst zu glauben und unsere Träume mit Zuversicht zu verfolgen.

7. **Offenheit für das Unerwartete:** Dexters Leben war voller unerwarteter Wendungen und Überraschungen. Seine Fähigkeit, mit dem Unerwarteten umzugehen und es zu seinem Vorteil zu nutzen, zeigt, wie wichtig Flexibilität und Anpassungsfähigkeit sind. Dies kann uns helfen, in einer sich ständig verändernden Welt erfolgreich zu sein.

Timothy Dexters Leben und Werk erinnern uns daran, dass es oft die unkonventionellen Denker und Macher sind, die die Welt verändern. Indem wir uns von seinem Mut, seiner Kreativität und seinem Durchhaltevermögen inspirieren lassen, können wir unsere eigenen Grenzen überschreiten und Großes erreichen.

Schluss:

Ich hoffe, dass die Leser diese einzigartige Perspektive auf Timothy Dexter genießen und inspiriert werden, ihre eigenen unkonventionellen Wege zu gehen. Sollte Ihnen das Buch gefallen haben, würde ich mich über eine Bewertung auf Amazon freuen. Ihre Meinung ist mir sehr wichtig und hilft anderen Lesern, dieses außergewöhnliche Werk zu entdecken.

Printed in Poland
by Amazon Fulfillment
Poland Sp. z o.o., Wrocław

47221384R00065